BEI GRIN MACHT SICH IHR WISSEN BEZAHLT

- Wir veröffentlichen Ihre Hausarbeit, Bachelor- und Masterarbeit

- Ihr eigenes eBook und Buch - weltweit in allen wichtigen Shops

- Verdienen Sie an jedem Verkauf

Jetzt bei www.GRIN.com hochladen und kostenlos publizieren

Sarai Jung

Zeit und Zeitgestaltung in erzählenden Texten am Beispiel von Erich Kästners - Sechsundvierzig Heiligabende -

GRIN Verlag

Bibliografische Information der Deutschen Nationalbibliothek:

Die Deutsche Bibliothek verzeichnet diese Publikation in der Deutschen National-
bibliografie; detaillierte bibliografische Daten sind im Internet über http://dnb.d-
nb.de/ abrufbar.

Impressum:

Copyright © 2003 GRIN Verlag GmbH
Druck und Bindung: Books on Demand GmbH, Norderstedt Germany
ISBN: 978-3-638-64191-3

Dieses Buch bei GRIN:

http://www.grin.com/de/e-book/11544/zeit-und-zeitgestaltung-in-erzaehlenden-
texten-am-beispiel-von-erich-kaestners

GRIN - Your knowledge has value

Der GRIN Verlag publiziert seit 1998 wissenschaftliche Arbeiten von Studenten, Hochschullehrern und anderen Akademikern als eBook und gedrucktes Buch. Die Verlagswebsite www.grin.com ist die ideale Plattform zur Veröffentlichung von Hausarbeiten, Abschlussarbeiten, wissenschaftlichen Aufsätzen, Dissertationen und Fachbüchern.

Besuchen Sie uns im Internet:

http://www.grin.com/

http://www.facebook.com/grincom

http://www.twitter.com/grin_com

Bayrische Julius-Maximilians Universität
WS 2002/2003
Germanistik Linguistik

Hauptseminar: Textlinguistik

Verfasserin: Sarai Jung, 3. Fachsemester

Zeit und Zeitgestaltung in erzählenden Texten

am Beispiel von Erich Kästners: „Sechsundvierzig Heiligabende"

„**E**s gibt ein großes und doch ganz alltägliches Geheimnis. Alle Menschen haben daran teil, jeder kennt es, aber die wenigsten denken je darüber nach. Die meisten Leute nehmen es einfach so hin und wundern sich kein bisschen darüber. Dieses Geheimnis ist die Zeit. Es gibt Kalender und Uhren, um sie zu messen, aber das will wenig besagen, denn jeder weiß, dass einem eine einzige Stunde wie eine Ewigkeit vorkommen kann, mitunter kann sie aber auch wie ein Augenblick vergehen – je nachdem, was man in dieser Stunde erlebt. Denn Zeit ist Leben. Und das Leben wohnt im Herzen."[1]

---

[1] Ende Michael: *Momo – oder die seltsame Geschichte von Zeit-Dieben und von dem Kind, das den Menschen die gestohlene Zeit zurückbrachte*. Stuttgart; Wien: Thienemann 1973. S.57

Gliederung

Zeit – Was ist das eigentlich? Nur sehr schwer lässt sich eine Antwort auf eine solch einfache Frage finden, obwohl es sich um ein ganz alltägliches Phänomen handelt, das aus unserem Leben nicht weg zu denken ist. Unser ganzer Alltag ist im Wesentlichen durch Zeit strukturiert und bestimmt. Das zeigt uns schon der Blick in den Terminkalender. Zeit ist ein „ganz alltägliches Geheimnis. Alle Menschen haben daran teil, jeder kennt es, aber die wenigsten denken je darüber nach."[2] Zeit ist so selbstverständlich, dass kaum jemand sie definieren kann. Ein Aspekt der Zeit ist dennoch allen bewusst und alle sind sich einig: „Es gibt Kalender und Uhren, um sie zu messen"[3] – das heißt also erstens: Zeit ist unbestritten objektiv messbar. Wenn man den einzelnen aber danach fragt, wie lange denn ein Augenblick dauert, oder eine Stunde, oder auch eine Ewigkeit, dann wird klar, dass die Zeitwahrnehmung alles andere als objektiv ist. Denn Zeit ist zweitens und vor allem subjektives Erleben, weil „jeder weiß, dass einem eine einzige Stunde wie eine Ewigkeit vorkommen kann, mitunter kann sie aber auch wie ein Augenblick vergehen – je nachdem, was man in dieser Stunde erlebt. Denn Zeit ist Leben. Und das Leben wohnt im Herzen"[4]. Deshalb lassen sich vielleicht nur sehr unterschiedliche und sehr subjektive Antworten auf die Frage nach dem Wesen der Zeit finden. Drittens aber ist Zeit Geschichte, denn sie ist „das was geschieht, und damit auch das, was wir über das Geschehene berichten, wie wir es sehen und verstehen"[5].

Wenn wir sprechen, dann ordnen wir alles auf der Zeitachse in unser Koordinatensystem ein. Wir legen je nach unserem Empfinden und unseren Bedürfnissen fest, ob etwas zuvor, danach oder gleichzeitig geschehen ist; ob etwas vergangen, gegenwärtig oder zukünftig ist; wie lange etwas ungefähr oder genau gedauert hat. In einer Erzählung dürfen wir an der ganz persönlichen Zeiterfahrung eines Erzählers oder der Figuren seiner Geschichte teilhaben.

Der Erzähler nimmt den Leser bei der Hand und führt ihn durch seine Geschichte, indem er die Zeitstrukturen bewusst gestaltet. Er greift stets strukturierend und ordnend in das Geschehen ein, reguliert das Erzähltempo und / oder unterbricht die lineare Abfolge der Geschehnisse durch Anachronien. Der Autor setzt bewusst eine Sprecher-Origo ein, von der aus die Ereignisse in die jeweilige Vor-Zeit (Vergangenheit), in die Gegenwart und Gleichzeitigkeit des Sprechaktes und in die Nach- Zeit (Zukunft)

---

[2] Ende Michael: *Momo – oder die seltsame Geschichte von Zeit-Dieben und von dem Kind, das den Menschen die gestohlene Zeit zurückbrachte.* Stuttgart; Wien: Thienemann 1973. S.57
[3] ebd.
[4] ebd.
[5] Wolf, N.R.: Zeit in der Narration, Skript S. 4

eingeordnet werden müssen. Dafür stehen ihm unterschiedliche sprachliche Mittel zur Verfügung:

(1) Zum einen die morphologischen Mittel, unter die wir die Tempusformen zählen. Der Autor wählt also bewusst aus zwischen dem Präsens, dem Präteritum, dem Futur und all den anderen möglichen Tempusformen. Typisches Tempus der Erzählung ist das Präteritum. Seine Funktion ist es normalerweise, das Geschehen in die Vorzeit zu verweisen. Die direkte Zeitreferenz steht bei dem sogenannten epischen Präteritum allerdings in der Diskussion. Es sei lediglich eine Markierung der Fiktivität, davon abgesehen sei das epische Präteritum atemporal und kennzeichne in dem Sinne vielmehr eine fiktive Gegenwart.[6] Schließlich taucht es auch in Zukunftsromanen auf, deren objektive Zeitreferenz ausgewiesenermaßen nicht in der Vergangenheit liegt. Dennoch gibt es hier für gewöhnlich einen Erzähler, der seine Origo bewusst noch später setzt und dann im Rückblick von den Ereignissen erzählt, so dass tatsächlich eine Vorzeitigkeit zu der Erzählsituation besteht. Eine Tempusform erhält ihren Zeitbezug also von dem jeweiligen Sprecher. Das Präsens hingegen eignet sich am besten zum Ausdruck von zeitlicher Neutralität, und besonders zum Ausdruck von Allgemeingültigkeit. Jedoch sollte man auch Phänomene wie das historische oder das futurisch gebrauchte Präsens nicht außer acht lassen. Daraus lässt sich erkennen, dass Tempusformen, je nach subjektivem Gebrauch des Autors, nicht eindeutig auf eine bestimmte Zeitebene referieren und deshalb nicht gleich zu setzen sind mit Vergangenheit, Gegenwart und Zukunft. Damit der Leser eine Geschichte also in sein Koordinatensystem einordnen kann, benötigt er demnach weitere Hinweise.

(2) Der Erzähler kann dazu auf lexikalische Mittel der Zeitgestaltung zurückgreifen. Dabei hat er die Wahl, entweder eine konkrete Zeitreferenz mit einzubinden, oder die Zeitreferenz nur durch Anspielungen auf bestimmte Ereignisse, auf den Sprecher, oder auf die Figuren der Erzählung erkennbar zu machen. Er muss den Leser in die jeweiligen Origines einführen. Eine explizite Zeitreferenz kann entweder objektiv gültig sein wie z.B. nominale Temporalangaben: *Im Jahre 1998*, *um 12.00 Uhr, im Winter*. Sie kann allerdings auch subjektiv bedingt sein. Dann muss der Leser erschließen, wann die Geschehnisse stattgefunden haben. Er muss zum Beispiel deiktische Ausdrücke wie Temporaladverbien: *jetzt, gestern, heute,* etc. in die jeweilige Zeit „übersetzen", weil sie von der Origo des aktuellen

---

[6] Käthe Hamburgers Auffassung dargestellt von
Genette, Gérard: *Die Erzählung*. München: Fink, 1994. S. 245

Sprechers abhängig sind. Subjektive und objektive Ausdrücke schließen einander jedoch nicht aus. Sie können sich auch ergänzen, wie in *am letzten Sonntag* (*letzter* = subjektiv / *Sonntag* = objektiv). Daneben gibt es noch eine Reihe weiterer weniger klar definierter Möglichkeiten, die Handlung in ein objektives Zeitsystem einzuordnen. Lexikalische Mittel etwa, die sich zwar von ihrer Bedeutung her nicht auf Zeit beziehen, es dem Leser aber erlauben daraus mit Hilfe seines Weltwissens Rückschlüsse auf den zeitlichen Rahmen der Erzählung zu ziehen. Wenn wir z.B. die Präpositionalphrase *als verbotener Schriftsteller* lesen, dann kann das nur in einer Zeit stattgefunden haben, in der es verbotene Schriftsteller gab. Weitere Beispiele sollen im Verlauf der Interpretation noch angegeben werden. Andere lexikalische Mittel stellen den Zeitbezug her, indem sie auf den Sprecher oder die jeweilige Figur der Erzählung referieren. Sie weisen darauf hin, wer gerade am Sprechen ist und in wessen Origo wir uns demnach begeben müssen, um eine Zeitreferenz zu erhalten.

Der Erzähler hat damit eine große Menge an Möglichkeiten, mit deren Hilfe er die „Zeitmodi" (Zeitordnung, Dauer, Frequenz)[7] differenzierend gestalten kann. In der vorliegenden Arbeit werde ich mich vor allem mit dem Aspekt der Zeitordnung beschäftigen, da der Text von Erich Kästner besonders im Hinblick auf diesen Punkt sehr ergiebig ist. Eine allgemeine Klärung der Termini soll aber trotzdem vorangestellt werden.

Zuerst soll auf das Erzähltempo eingegangen werden. Es bezeichnet das Verhältnis zwischen der Erzählzeit und der erzählten Zeit. Die Erzählzeit heißt auch als Erzählerzeit und bezeichnet die Dauer des Lesevorgangs, während die erzählte Zeit (Geschichtenzeit) die Dauer bezeichnet, die die Ereignisse tatsächlich benötigen. Die Spannung, die aus dem Verhältnis der beiden zueinander resultiert, ist das Erzähltempo. Für gewöhnlich haben wir es mit einer Zeitraffung zu tun, das heißt die Erzählte Zeit erstreckt sich über einen größeren Zeitraum als die Erzählzeit. Der Autor präsentiert nur diejenigen Ausschnitte der Wirklichkeit, die für die Erzählung wichtig sind: er kann Ereignisse ganz auslassen (Sprünge/Auslassungen/Ellipsen), oder sie zusammenfassen. Sukzessive Raffung nennt man die fortschreitende Aufzählung, während eine Darstellung des Immergleichen oder Immerwiederkehrenden als iterativ-durative Raffung bezeichnet wird. Wenn die erzählte Zeit kleiner als die Erzählzeit ist, dann handelt es sich um eine Zeitdehnung. Das ist beispielsweise der Fall bei der Stream-of-

---

[7] nach Gérard Genette:
Genette, Gérard: *Die Erzählung*. München: Fink, 1994.

consciousness Technik, da die Wiedergabe von Bewusstseinsinhalten länger dauert, als zu denken, oder bei ausgedehnten Landschaftsbeschreibungen. Meist ist Zeitdehnung kombiniert mit einer Pause im Handlungsfortgang. Von zeitdeckendem Erzählen spricht man, wenn die erzählte Zeit mit der Erzählzeit übereinstimmt. Ein Beispiel dafür ist die direkte Redewidergabe.

Wie wir ebenfalls bereits festgestellt haben, liegt es in der Hand des Erzählers, ob er das Geschehene in seiner chronologischen Linearität wiedergibt, oder ob er organisierend eingreift. Das grundlegende Muster einer Erzählung ist die dahinterliegende zeitliche Sukzession der Ereignisse, die der Leser - auch wenn sie innerhalb des Textes in anderer Ordnung erscheint - mit Hilfe der Hinweise des Erzählers auf deren Grundstruktur des „Dann ... und dann ...“[8] zurückführen muss. Genette benennt jede Abweichungen von der natürlichen Reihenfolge mit einem Überbegriff *Anachronie*. Eine Anachronie ist demnach eine „Dissonanz zwischen der Ordnung der Geschichte und der der Erzählung“[9]. Er geht davon aus, dass bei jeder Erzählung aufgrund der bewussten Zeitgestaltung durch einen mehr oder weniger spürbaren Erzähler grundsätzlich eine Parallelität von zwei zeitlichen Ebenen besteht, die sich in der Zeitdualität von Erzählzeit und erzählter Zeit äußert. Es lässt sich also sagen, dass wir zwei unterschiedliche zeitliche Stimmen in Betracht ziehen müssen: diejenige, die sich aus den jeweiligen Origines der Figuren ergibt, und daneben die des Erzählers, der als ein Erzähler-ich mit am Sprechen ist. Das ist besonders im Hinblick auf die Erzählung von Kästner von Bedeutung, was die spätere Analyse herausstellen wird.

Der Erzähler kann nun in zweierlei Hinsicht in die Ordnung des Geschehens eingreifen: entweder, indem er einen späteren Punkt vorweg nimmt (innerhalb der Erzählung, oder über deren Endpunkt hinausgreifend); oder, indem er die gegenwärtige Erzählung unterbricht, um ein früheres Ereignis nachzuholen. „Eine A[nachronie] kann als ein Erzählsegment betrachtet werden, das der Haupthandlung, der >Basiserzählung< (récit premier), insofern untergeordnet ist, als es sich von ihr ableitet und sich ihr gegenüber als A. definiert.“[10] Deshalb ist es zunächst wichtig, die jeweilige „Basiserzählung“ festzustellen, die nicht immer ganz eindeutig ist, wie wir noch sehen werden. Dort muss das Koordinatensystem der Erzählung angesetzt werden. Dieses ist jedoch nicht

---

[8] Lämmert zitiert von Jochen Vogt in
Vogt, Jochen: *Aspekte erzählender Prosa: Eine Einführung in Erzähltechnik und Romantheorie.* Opladen: Westdt. Verl. 8. Aufl. 1998 S. 112
[9] Genette, Gérard: *Die Erzählung.* München: Fink, 1994. S. 23
[10] Metzler-Lexikon Literatur- und Kulturtheorie: *Ansätze – Personen – Grundbegriffe.* Hg. Ansgar Nünning. Stuttgart; Weimar: Metzler, 1998. S. 12-13

gleichzusetzen mit der Origo des Erzählers. Von der Origo der Geschichte aus lassen sich dann in einem zweiten Schritt die zwei Formen der Anachronie bestimmen.

(1) Eine Form der Anachronie ist die sogenannte Prolepse: „Mit *Prolepse* bezeichnen wir jedes narrative Manöver, das darin besteht, ein späteres Ereignis im voraus zu erzählen oder zu evozieren"[11] unabhängig davon, ob dieses Ereignis auch eintritt, oder nur als Wunsch, Hoffnung, Furcht, etc. erscheint. Auf diese Weise kann man Prolepsen (Vorausdeutungen) nach dem Grad ihrer Verlässlichkeit klassifizieren: Zukunftsgewisse Vorausdeutungen sind direkt auf ein angekündigtes Ereignis ausgerichtet, das dann genau so eintrifft. Sie sind Elemente eines allwissenden Erzählens (Auktorialer Erzähler, rückblickender Ich-Erzähler). Fiktionale Figuren hingegen können keine zukunftsgewisse, das heißt keine verlässliche Vorausdeutung machen. Ihre Vorausdeutungen haben zukunftsungewissen Charakter, es sind „Aussagen oder Empfindungen von Handlungsfiguren über ihre Zukunft, aber auch Erzählerbemerkungen, die den Erlebnishorizont der Figuren nicht durchbrechen."[12] Nach Vogt[13] kann man die Vorausdeutungen weiterhin einteilen, je nach der Stelle, an der sie in der Erzählung auftauchen: in *einführende Vorausdeutungen* (Ankündigungen oder Anspielungen bereits im Titel, Vorwort oder direkt am Erzählbeginn), *abschließende Vorausdeutungen* (Hinausweisen in eine nicht mehr erzählte Zukunft, oft die Gegenwart des Lesers) und *eingeschobene Vorausdeutungen* (Bezug auf den Verlauf oder den Ausgang der Erzählung oder einzelner Teile).

(2) Dem gegenüber steht die weitaus häufigere Form der Anachronie, die Analepse: „mit *Analepse* [bezeichnen wir] jede nachträgliche Erwähnung eines Ereignisses, das innerhalb der Geschichte zu einem früheren Zeitpunkt stattgefunden hat als dem, den die Erzählung bereits erreicht hat."[14] Dabei wird die fiktive Handlungsfolge unterbrochen, um die Gegenwartshandlung um wichtige, oft kontrastiv eingesetzte Aspekte vergangener Erlebnisse zu erweitern. Hier lässt sich nach Vogt[15] zunächst die Vorzeithandlung abgrenzen: Sie ist eine „eigenständige, in sich abgeschlossene Erzählung innerhalb der Erzählung, die chronologisch vor der

---

[11] Genette, Gérard: *Die Erzählung*. München: Fink, 1994. S. 25

[12] Vogt, Jochen: *Aspekte erzählender Prosa: Eine Einführung in Erzähltechnik und Romantheorie*. Opladen: Westdt. Verl. 8. Aufl. 1998. S. 123

[13] Vogt, Jochen: *Aspekte erzählender Prosa: Eine Einführung in Erzähltechnik und Romantheorie*. Opladen: Westdt. Verl. 8. Aufl. 1998. S. 125

[14] Genette, Gérard: *Die Erzählung*. München: Fink, 1994. S. 25

[15] Vogt, Jochen: *Aspekte erzählender Prosa: Eine Einführung in Erzähltechnik und Romantheorie*. Opladen: Westdt. Verl. 8. Aufl. 1998. S. 119

Haupt- oder Gegenwartshandlung liegt."[16] Ihre Funktion kann eine thematische Reflexion sein, eine nachträgliche Aufklärung enthalten oder in einigen Fällen sogar die Haupthandlung zur bloßen Rahmenhandlung herabstufen. Weiterhin unterscheiden wir die Rückwendung im Hinblick auf ihre Position: die *aufbauende Rückwendung* als zweite Erzählphase ist in Kombination mit einem Anfang *medias in res* ein typisches Phänomen von erzählenden Texten. Am Ende findet sich oft die *auflösende Rückwendung*. Sie resümiert das bislang nur teilweise erzählte Geschehen und ergänzt die Lücken. Hier kann man meist eine starke Raffung erkennen. Besonderes Gewicht erhält sie in Kriminalromanen und Detektivgeschichten. Die dritte und häufigste Form der Analepse ist die *eingeschobene Rückwendung*. Entweder wird die Vorgeschichte eines Geschehens oder einer Person bis zu ihrem Auftreten in der Geschichte nachgeholt, oder wir finden einen punktuellen Hinweis auf vergangenes Geschehen innerhalb der Geschichte ohne Rekapitulation des genauen Handlungsablaufes (*Rückgriff*). Daneben kann die Rückwendung auch als ein *Rückblick* einer Figur auf ihre eigene Vergangenheit mit dem Charakter einer Bestandsaufnahme ihres bisherigen Lebens erscheinen.

(3) Eine dritte Form der Anachronie ist nach Vogt[17] die *Umstellung*. Auch sie stellt eine Veränderung der chronologischen Reihenfolge dar. Sie unterscheidet sich von Prolepse und Analepse allerdings dadurch, dass sie über deren punktuelle Funktion hinausgeht, daher also einen wesentlich stärkeren Eingriff in die Chronologie bedeutet. Für die vorliegende Erzählung ist sie jedoch nicht von größerer Bedeutung und soll deshalb hier nur der Vollständigkeit halber erwähnt werden.

Damit wollen wir uns nun der Erzählung *Sechsundvierzig Heiligabende* von Erich Kästner zuwenden. Um einen Zugang zu der komplexen Zeitgestaltung dieser Geschichte zu erhalten, wollen wir uns zuerst einen Überblick über die zeitliche Grobstruktur verschaffen. Dabei wollen wir mit dem Titel *Sechsundvierzig Heiligabende* beginnen, denn er gibt uns die „Dauer" der Geschichtenzeit an, das heißt die Zeitspanne, die in der Geschichte in den Blick genommen wird. Der Erzähler zieht demnach sechsundvierzig Jahre in Betracht. Bei einem ersten Durchlesen erkennen wir drei unterschiedliche zeitliche Ebenen:

---

[16] Vogt, Jochen: *Aspekte erzählender Prosa: Eine Einführung in Erzähltechnik und Romantheorie*. Opladen: Westdt. Verl. 8. Aufl. 1998. S. 119
[17] Vogt, Jochen: *Aspekte erzählender Prosa: Eine Einführung in Erzähltechnik und Romantheorie*. Opladen: Westdt. Verl. 8. Aufl. 1998. S. 125

(1) Vergangenheit: Sie wird einmal insgesamt in einer Art Bestandsaufnahme als Rückblick vorangestellt (Kästner, 1969, Z.1-6). Diese Vorbemerkung oder Einleitung fasst die letzten fünfundvierzig Jahre des Erzählers vor dem Niederschreiben der Geschichte zusammen und weist sowohl sukzessive wie auch iterative Elemente auf. Im weiteren Verlauf der Geschichte werden vier einzelne Episoden aus dieser Zeitspanne gesondert herausgenommen und in Form von gemeinsamen Erinnerungen der Mutter und des Erzählers präsentiert. Diese Einschübe scheinen auf den ersten Blick das tatsächlich erzählende Moment des Textes zu sein, da dort das für die Erzählung typische Tempus, des Präteritum, verwendet wird. Man kann diese Art der Rückwendung nach Vogt als eingeschobene Rückwendung aus der Perspektive einer bestimmten Figur der Geschichte bezeichnen. Die Figur ist in diesem Fall jedoch nicht eindeutig zu erkennen: auf der einen Seite ist es die Mutter, die sich erinnert, auf der anderen Seite der Ich-Erzähler. Sie erinnern sich an vergangene Weihnachten, die sie beide als „glücklichere" (Kästner, 1969, Z.122) und „schönere" (Kästner, 1969, Z.124) Zeiten empfunden haben. Auf diese Weise werden die einzelnen Episoden herangezogen, um den Kontrast zu der gegenwärtigen oder auch zukünftigen Situation hervorzuheben. Gemeinsames Merkmal der Vergangenheit ist die „Gemeinsamkeit" von Mutter und Sohn.

(2) Gegenwart oder Schreibzeit: Die Gegenwart erscheint an nur sehr wenigen Stellen im Text und fungiert erstens als „Vermittlungsinstanz" zwischen Mutter und Sohn, aber auch zwischen den Orten Dresden und München - und in gewisser Weise auch zwischen der Gegenwart und der Zukunft (diese Verbindungsfunktion tritt vor allem zu Tage in Z. 30-36; Z. 129-132). Darauf soll aber im weiteren Verlauf noch eingegangen werden, da hier eine genauere Analyse erforderlich ist. An dieser Stelle geht es nur um einen allgemeinen Überblick über die Zeitstruktur. Die zweite Funktion der Gegenwart ist es, ein Forum für die Formulierung von allgemeingültigen Lebensweisheiten zu bieten (Z.38-42; Z.125-138), die der Erzähler dem Leser mit auf den Weg geben möchte. So wendet sich der Autor auch drei mal im Text direkt an den Leser. Damit wird in gewisser Weise noch eine weitere „Gegenwart" mit hereingenommen, die nicht gleichsetzbar ist mit der Schreibzeit: die „Lesezeit". Dadurch wird die intendierte Allgemeingültigkeit und Zeitlosigkeit der Aussage auch in der zeitlichen Struktur ausgedrückt. Die Gegenwart erscheint auf den ersten Blick für den Handlungsgang der Erzählung

aber bedeutungslos. Sie dient lediglich der Kommentierung der Erinnerungen und als Forum für die direkte Leseransprache. Dennoch werden wir uns ihren Bezug zur Erzählung noch genauer ansehen müssen.

(3) Zukunft: Der Autor erzählt uns die Geschichte des Heiligenabend 1945: nämlich, wie er sich den 46. Heiligenabend vorstellt und wie ihn seine Eltern, vor allem seine Mutter erleben werden. Da es sich um einen Ich-Erzähler handelt, der Vorausdeutungen in die Zukunft macht, können diese nur zukunftsungewiss sein. Nichtsdestotrotz erlangt die Erzählung an manchen Stellen beinahe Realitätswert. An einigen Stellen ist die Zukunft nur sehr schwer von der Gegenwart zu unterscheiden und es entsteht eine Art Parallelität zwischen den Zeitebenen. Vor allem durch die doppelte Funktion der Tempusform des Futur, nämlich die zeitliche auf der einen Seite und auf der anderen Seite die Modalitätsfunktion, die den subjektiv-fiktiven Charakter der auf die Zukunft referierenden Abschnitte heraus stellt, scheint die Grenze zwischen den gegenwärtigen Erinnerungen des Ich-Erzählers und den zukünftigen Erinnerung der Mutter ganz zu verschwimmen. Die gleichzeitige Verwendung von Präsens und Futur erhöht die Schwierigkeit einer Trennung noch. Das Merkmal des kommenden Heiligenabend ist die „Isoliertheit" von Mutter (Dresden) und Sohn (München), die mit Hilfe der Erinnerung an gemeinsam verbrachte Weihnachten überwunden werden soll.

Anhand des Schaubildes soll die zeitliche Grundstruktur noch einmal bildlich herausgestellt werden:

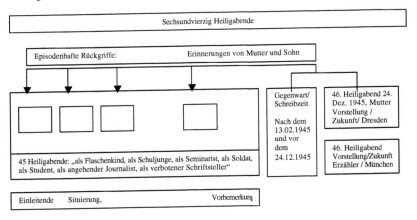

Im Anschluss soll jetzt der objektive Zeitbezug herausgestellt werden. Erschienen ist der vorliegende Text an Weihnachten 1945, also dem ersten Weihnachten nach Ende des zweiten Weltkrieges, in der *Neuen Zeitung* als Kinderbeilage. „Hier wäre allenfalls darauf hinzuweisen, dass dieser Abend für Millionen Deutsche gleich schmerzlich verlief und dass das Feuilleton nur deshalb geschrieben wurde."[18] Der zweite Weltkrieg war im Mai 1945 mit der Kapitulation Großdeutschlands endlich zu Ende gegangen. Und mit dem Ende des Krieges brach die Realität über die Deutschen herein. Das erste Weihnachten nach dem Krieg mussten viele Menschen getrennt von ihren Familienmitgliedern verbringen. Viele würden nie wieder kehren.

Die in der Erzählung behandelte Zeitspanne erstreckt sich über 46 Jahre, was bereits oben festgestellt wurde. Bei Kenntnis der Lebensdaten des Autors, der 1899 in Dresden geboren wurde, kann man sagen, dass die Geschichte die gesamte bisherige Lebenszeit des Autors Erich Kästner ins Auge fasst.

Doch auch ohne dieses Wissen kann der Text zeitlich lokalisiert werden, denn der Leser erhält Hinweise, wann dieses „hier in München, auf der Stelle" (Kästner, 1969, Z.30/31) ist, auch wenn der Erzähler intratextuell keine expliziten Angaben macht[19]. Lexikalische Mittel mit objektiver Zeitreferenz finden zwar Verwendung („Heiligabend"), werden allerdings sehr selten eingesetzt und nicht so nahe bestimmt, dass sie eine klare Aussage zuließen. Allerdings finden sich einige lexikalische Mittel, die zwar nicht konkret auf Zeit referieren, aber dem Leser aufgrund seines Weltwissens Rückschlüsse auf den zeitlichen Kontext erlauben. Einen klaren Hinweis geben zum Beispiel die Lebensabschnittsbezeichnungen: „als Soldat" (Kästner, 1969, Z.3) das heißt, er hat einen Krieg erlebt (Kästner wurde im ersten Weltkrieg 1917 zum Militär einberufen) und als „verbotener Schriftsteller" (Kästner, 1969, Z.4) weist auf die Zeit des Naziregimes hin, die er ebenfalls bereits erlebt hat. Ganz am Ende der Geschichte findet sich noch eine weitere Anspielung auf ein historisch traurig berühmt gewordenes Ereignis: die Bücherverbrennung am 10. Mai 1933. Der Erzähler bemerkt im vorletzten Absatz, dass Erinnerungen der einzig gebliebene Besitz ist, der „wenn wir sonst alles verloren haben, nicht mitverbrannt ist" (Kästner, 1969, Z.127/128). Am Ende des ersten Absatzes wird jedoch klar auf eine objektive Zeit referiert, die wir als die zeitliche Origo des Sprechers anzunehmen haben: Gemeinsam mit seinen Eltern feierte er Weihnachten „[v]or einem Jahr zum letzten mal. Als es Dresden, meine Vaterstadt,

---

[18] Kästner, Erich: *Sechsundvierzig Heiligabende*. In: *Erich Kästner. Gesammelte Schriften für Erwachsene*. Hg. von Hermann Kesten. Bd. 7. Zürich: Atrium Verlag, 1969 S. 20
[19] was ja bei einem Zeitungstext nicht weiter verwunderlich ist, da man ja bereits durch die Ausgabe der Zeitung weiß, um welche Zeitspanne es sich handelt. Nichtsdestotrotz möchte ich es hier erwähnen, weil es ein Charakteristikum des Textes ist.

noch gab." Wir können also jetzt auch aus dem Text heraus erschließen, dass es zum Zeitpunkt des Niederschreibens der Erzählung kurz vor Weihnachten 1945 ist, ein Jahr nach dem letzten gemeinsamen, dem 45. Weihnachtsfest und nach der Zerstörung Dresdens, am 13. Februar 1945.

Nach der allgemeinen zeitlichen Einordnung der Geschichte werden wir uns nun den Anfang der Erzählung genauer ansehen. Der erste Absatz wirkt wie eine Art Vorbemerkung oder Hinführung zu dem eigentlichen Inhalt der Erzählung:

> „Fünfundvierzigmal hintereinander hab ich mit meinen Eltern zusammen die Kerzen am Christbaum brennen sehen. Als Flaschenkind, als Schuljunge, als Seminarist, als Soldat, als Student, als angehender Journalist, als verbotener Schriftsteller. In Kriegen und im Frieden. In traurigen und in frohen Zeiten." (Kästner, 1969, Z.1-5)

Die Verwendung des Perfekt bringt zwar den Aspekt „vollzogen" mit ein, gleichzeitig betont sie aber auch den konkreten Bezug zur Gegenwart. Der Erzähler macht in einem Rückblick auf vergangene Weihnachten eine Art Bestandsaufnahme, die gemeinsam mit dem Titel den zeitlichen Rahmen der Erzählung vorgibt: 46 Heiligabende, 45 bereits vergangene und der 46., auf den im Titel vorausweisend Bezug genommen wird. In einer Erzählzeit von nur fünf Zeilen fasst der Ich-Erzähler sein ganzes bisheriges Leben zusammen, 45 Jahre. Er greift aus diesen 45 Jahren jeweils die Weihnachtsfeste heraus. Diese Zusammenfassung hat den Charakter einer „sukzessiven Sprungraffung"[20] von extrem hoher Raffungsintensität, die aber gleichzeitig mit einem iterativen Moment gekoppelt ist. Die sukzessive Raffung ist gekennzeichnet durch eine chronologisch geordnete Aufreihung, die auf der Grundformel „Dann ... und dann ..."[21] aufgebaut ist. Der einleitende Satz gibt die Zeitspanne vor, die ins Auge gefasst wird. In nachgeschobenen Ellipsen greift der Erzähler dann unterschiedliche Abschnitte daraus auf und klassifiziert sie, indem er Merkmale nennt, die zu der jeweiligen Zeit bestimmend waren. Zuerst beschreibt er sein eigenes Erwachsenwerden, indem er die „Funktionen" nennt, in denen er sich in unterschiedlichen Etappen seines Lebens wiederfand, jeweils eingeleitet mit der Partikel *als* (Kästner, 1969, Z.2-4). Parallel dazu finden sich aber auch iterativ-durative Elemente wieder: Ein iteratives Moment stellen die immer wiederkehrenden Weihnachtsfeste dar. Daneben fasst er denselben Zeitraum gleichzeitig anhand der Nennung von anderen sich wiederholenden Begebenheiten

---

[20] Vogt, Jochen: *Aspekte erzählender Prosa: Eine Einführung in Erzähltechnik und Romantheorie*. Opladen: Westdt. Verl. 8. Aufl. 1998. S. 112
[21] ebd.

zusammen: „In Kriegen und im Frieden. In traurigen und in frohen Zeiten" (Kästner, 1969, Z.4/5). Hier weitet er seine „persönliche Geschichte" und seine eigenen Erfahrungen zuerst auf historisch-politisch wichtige Ereignisse (Kästner, 1969, Z.4) und dann auf ein anthropologisches Grundmuster (Kästner, 1969, Z.5) aus. Nicht er war manchmal traurig oder froh, sondern die Zeiten. Auf inhaltsseitiger Ebene evoziert Kästner also den gleichgültigen Fluss der Zeit. Ebenso geschieht das auf der Ausdrucksseite. Die Ellipsen unterstreichen die Intensität der Raffung. So wird die Unaufhaltsamkeit der Zeit hervorgehoben. Interessant ist außerdem die Wiederholung der Anlaute, die Alliteration, die sich in den Bezeichnungen der einzelnen Lebensabschnitte findet (Kästner, 1969, Z.2-4): das iterative Moment wird also auch auf lautlicher Ebene gespiegelt. (**Sch**uljunge, **S**eminarist, **S**oldat, **St**udent, **J**ournalist, **Sch**riftsteller und sogar Fla**sch**enkind enthalten die ähnlichen Phoneme /s/ und /ʔ/).

Beziehen wir nun den Titel mit ein, dann fällt auf, dass der Ich-Erzähler im ersten Absatz nur von 45 Weihnachtsabenden spricht. Diese müssen deshalb in Hinsicht auf ein wesentliches Merkmal übereinstimmen, das es erlaubt sie zusammenzufassen und so dem im Titel erwähnten 46. Heiligabend gegenüberzustellen. Die Kontrastierung impliziert, dass dieses gemeinsame Merkmal den Unterschied zu dem 46. Heiligabend ausmacht, da dieser außen vorbleibt. Betrachten wir den Begriff Weihnachten etwas genauer. Der Heilige Abend ist ein uns allen vertrautes Bild, das in jedem von uns Assoziationen hervorruft. Es wird vor allem ein Gefühl des inneren Friedens, der Zusammengehörigkeit und des Beisammenseins evoziert. Genau dieses Moment der Gemeinsamkeit ist es auch, das Kästner hervorhebt und als charakteristisch für die vergangenen Weihnachten herausstellt. „Fünfundvierzigmal hintereinander hab ich mit meinen Eltern zusammen die Kerzen am Christbaum brennen sehen." (Kästner, 1969, Z.1/2) Und genau hierin liegt auch der wesentliche Unterschied zu dem 46. Heiligenabend. Am Ende der Erzählung wertet der Erzähler die vergangenen Weihnachtsfeste explizit: nämlich als „glücklichere[n]" (Kästner, 1969, Z.122) und „schönere[n] Zeiten" (Kästner, 1969, Z.124). Dass hier ein bedeutender Kontrast geschaffen werden soll, geht noch aus einem weiteren Punkt hervor: Die Zahl 46 in der Überschrift „Sechsundvierzig Heiligabende[n]" kollidiert sozusagen direkt mit dem ersten Wort der Erzählung: „Fünfundvierzigmal". Unbewusst wird sogleich die Frage provoziert, was denn an jenem sechsundvierzigsten Heiligabend geschehen ist, geschieht, oder geschehen wird, das ihn von den anderen abhebt. Auf diese Weise wird der Titel bereits zu einer Vorausdeutung auf das Thema und den Inhalt der eigentlichen

14

Erzählung: der kommende Heiligabend. Dieser Heiligabend wird von Isoliertheit und Einsamkeit gekennzeichnet sein, er wird dieses Mal Weihnachten nicht „zusammen" mit seinen Eltern verbringen.

Das wird auch gleich im folgenden Absatz bestätigt. „Diesmal werden meine Eltern am Heiligabend allein sein." (Kästner, 1969, Z.7) Im direkten Anschluss an den einleitenden Rückblick erwarten wir als Leser nun also den Beginn der eigentlichen Geschichte, deren Mittelpunkt der sechsundvierzigste Heiligabend darstellt, wie bereits der Titel vermuten lässt. Und in der Tat weist das folgende demonstrative Adverb *diesmal* auf den Beginn der Geschichtenzeit hin. Schließlich ist es typisch für die Einführung eines einmaligen und deshalb erzählungswürdigen Ereignisses. Doch der Leser erwartet an dieser Stelle außerdem die Verwendung des Präteritum, das ja als Tempus der Erzählung gilt. Eine Geschichte baut schließlich normalerweise auf ein Ereignis, oder eine Kette von Ereignissen auf, die in der Vergangenheit geschehen sind. Aber Kästner beschreibt diesen Tag nicht als Fortgang der Geschichte in der Vergangenheit im epischen Präteritum, sondern er konfrontiert uns mit der Tempusform des Futur. Die „Geschichte", die er uns erzählen möchte hat demnach noch gar nicht stattgefunden und es bleibt ungewiss, ob sie tatsächlich so stattfindet. Ein Ich-Erzähler kann schließlich nur innerhalb der Vergangenheit seiner Schreibgegenwart allwissend sein. Das Futur tritt hier in seiner doppelten Funktion auf: neben der temporalen, die das Geschehen in die Zukunft verweist, übernimmt es in der Erzählung ebenso eine modale Funktion (epistemische Modalität), so dass gleichzeitig die Gewissheit der Handlung eingeschränkt und relativiert wird. Somit kennzeichnet es das Geschehen des besagten Heiligen Abends als Produkt der Vorstellung des Ich-Erzählers. Diese ungewöhnlichen Umstände stellen streng genommen den erzählenden Charakter des Textes in Frage. Schwierigkeiten treten vor allem dann auf, wenn es gilt die „Basiserzählung" anzusetzen. Wir haben bereits erwähnt, dass die Grundformel des Erzählens das „dann ... und dann ..."[22] einer sukzessiven Handlungsfolge ist. Dieser Grundstruktur folgt Kästners Erzählung durchaus. Gerade in den Episoden, in denen er davon erzählt, wie seine Mutter das kommende Weihnachtsfest verbringen wird, treten besonders häufig temporale Adverbien der zeitlichen Ordnung auf: „Nun" (Kästner, 1969, Z.15), „Schließlich" (Kästner, 1969, Z.16), „Dann" (Kästner, 1969, Z.22), etc.

---

[22] Lämmert zitiert von Jochen Vogt in
Vogt, Jochen: *Aspekte erzählender Prosa: Eine Einführung in Erzähltechnik und Romantheorie.* Opladen: Westdt. Verl. 8. Aufl. 1998. S. 112

Diese sukzessive Struktur, das einleitende „Diesmal" (Kästner, 1969, Z.7) und auch die Vorwegnahme im Titel verleitet mich dazu die Basiserzählung als die Erzählung des 46. Heiligabend anzusetzen, obwohl es sich hier nicht im traditionellen Sinne um eine Geschichte handeln kann. Damit wird die Zukunft zum Zentrum der Erzählung. Wir haben es hier also nicht in dem Sinne mit einer Prolepse zu tun, die sich ja nur in Bezug auf eine vorher stattfindende Basiserzählung definiert, sondern vielmehr mit einer raffiniert angelegten Geschichtenzeit, die den Charakter einer zukunftsungewissen Vorausdeutung hat.[23]

Doch noch eine andere Variante lässt sich aufgrund der Dominanz der Zeitdualität denken. Wir haben bereits erklärt, dass es sich bei der Haupthandlung de facto um eine Geschichte in der Zukunft handelt, die so nur in der Vorstellung des Erzählers stattfindet. Damit haben wir es aber auch ganz eindeutig die ganze Erzählung hindurch mit zwei unterschiedlichen, parallelen Zeitebenen zu tun. Dieser Aspekt wird durch weitere Ungewissheitsfaktoren wie beispielsweise durch Modalitätsadverbien wie „Hoffentlich" (Kästner, 1969, Z.10) oder das „Vielleicht" (Kästner, 1969, Z.18,66) besonders hervorgehoben. Auch die Verwendung von temporalen und lokalen Adverbien, die eigentlich hauptsächlich in die „Hier" und „Jetzt" Deixis des Erzählers gehören, unterstreichen diese Simultaneität. Beispielsweise das „Nun" (Kästner, 1969, Z.15); oder das „gegenüber" (Kästner, 1969, Z.20), das als deiktisch auffällt, weil es mit einer objektiven Ortsangabe in direktem Kontrast steht: „Am Neustädter Bahnhof" (Kästner, 1969, Z.20). Auch dass der Erzähler von ‚**ihren** Kamelhaarpantoffeln" (Kästner, 1969, Z.22) redet, zeigt uns ganz deutlich, dass er sie direkt vor Augen hat.

Auch die Partikel „etwa" in Zeile 56, oder das „Oder" in Zeile 79 und in Zeile 100, die jede der erinnerten Episoden von vergangenen Weihnachten als gleichwertige Alternativen nebeneinander stellen, sprechen für die merkliche Anwesenheit des Erzählers. Gleichzeitig lassen sie erkennen, dass es sich dabei nur um seine Vermutung handelt. Er reflektiert im „Hier" und „Jetzt" der Schreibzeit darüber, wie der zukünftige sechsundvierzigste Heilige Abend ablaufen könnte. Wir wollen das anhand der Zeilen 7 – 14 einmal exemplarisch herausarbeiten.

> „Im Vorderzimmer werden sie sitzen und schweigend von sich hinstarren. Das heißt, der Vater wird nicht sitzen, sondern am Ofen lehnen. Hoffentlich hat er eine Zigarre im Mund. Denn rauchen tut er für sein Leben gern. „Vater hält den Ofen, damit er nicht umfällt", sagte meine Mutter früher. Mit einem Male wird

---

[23] auch wenn dies eine sehr ungewöhnliche Art und Weise der Erzählung ist, sollte man bedenken, dass man bei der herkömmlichen fiktiven Erzählung auch nicht mehr „Gewissheit" über den tatsächlichen Verlauf der Ereignisse hat, so dass die Tatsache, dass die gesamte Haupthandlung nur in der Vorstellung des Erzählers stattfindet, meiner Meinung nach, kein Argument sein kann, gegen den erzählenden Charakter oder die Behauptung, dass es sich hier um eine Geschichte handelt.

er „Gute Nacht" murmeln und klein und gebückt, denn er ist fast achtzig Jahre alt, in sein Schlafzimmer gehen." (Kästner, 1969, Z.7-14)

In Zeile neun greift der Erzähler direkt in die Geschichte ein. Er modifiziert die vorher getroffene Aussage mit einem „Das heißt". Das darauf folgende „Hoffentlich" drückt seine eigene Hoffnung aus. Der Erzähler nämlich hofft für seinen Vater, dass er eine Zigarre im Mund haben wird, weil sein Vater, wie er weiß, sehr gerne raucht. Diese Aussage ist für die Vergangenheit gültig gewesen, ist es in der Schreibgegenwart und wird es vermutlich auch in Zukunft sein, daher das Präsens. Das folgende Zitat, das mit den Anführungszeichen eingeleitet wird, scheint zunächst eine tatsächliche, zukünftige Reaktion auf die eben zuvor geschilderte Situation zu sein. Die Anführungszeichen geben dem Geschehen dadurch, dass sie Ausdruck von Gewissheit sind, einen wirklichen Charakter. Doch in Wirklichkeit handelt es sich nicht um eine Reaktion in der Zukunft, sondern der Ausschnitt von direkter Rede ist in die Vergangenheit verlegt: „sagte meine Mutter früher" (Kästner, 1969, Z.12). Das Präteritum kennzeichnet hier eine kurze Erinnerung des Erzählers. Gleichzeitig haben wir hier also wieder einen Rückblick, der herangezogen wird, um die Vorstellung des zukünftigen Ereignisses zu erklären und näher zu charakterisieren. Hier wird deutlich, dass die Geschichte auf den Erfahrungsschatz des Ich-Erzählers aufbaut. Auf diese Weise erhält die Geschichte eine gewisse Art der Glaubwürdigkeit. Die Aussagen, die der Erzähler über die Zukunft trifft, werden „vermutlich" so, oder zumindest so ähnlich eintreffen. Es war immer so und wird deshalb auch weiterhin so sein.

Dadurch haben wir zunächst deutlich gemacht, dass im Laufe der Erzählung Zukunft und Gegenwart parallel, ja simultan zu sehen sind. Die Grenze verschwimmt teilweise ganz. Das ist nicht zuletzt Folge der häufigen Verwendung des Präsens, das in erster Linie zeitneutral ist und hier sowohl für die Geschichtezeit, als auch für die Erzählerzeit benutzt wird. Im Anschluss an die gerade betrachtete Stelle heißt es: „Nun sitzt sie ganz einsam und verlassen. Ein paar Mal hört sie ihn nebenan noch husten" (Kästner, 1969, Z.15). Die Verwendung des Präsens zusammen mit dem Adverb „nun" hat die Wirkung, den Inhalt diese Satzes besonders unmittelbar darzustellen. Die Einsamkeit und Verlassenheit der Mutter ist präsent in der Gegenwart des Erzählers. Das Leiden der Mutter bekommt dadurch besonderes Gewicht und wirkt in gewisser Weise allgegenwärtig. Wenn der Erzähler also von seiner Mutter erzählt und daran denkt, wie sie den Heiligabend verbringen wird, dann sieht er sie offensichtlich richtiggehend vor sich. Das verdeutlicht auch die Verwendung des Adverbs

17

„gegenüber", das zur Lokaldeixis gehört, denn der Leser weiß schließlich nicht, wo sich das Haus der Eltern befindet, so dass ihm damit keine weitere Information gegeben wird, als die, dass der Erzähler das Bild vor Augen hat. Diese enge emotionale Bindung besteht allerdings nicht nur von Seiten des Erzählers. Denn auch die Mutter versucht, den Sohn zumindest in ihrer Erinnerung präsent sein zu lassen, indem sie die Bücher, die er geschrieben hat, durchblättert und die Fotos, die man von ihm gemacht hat, ansieht (Z.23).

Der nächste Absatz verdeutlicht das Verschwimmen der zeitlichen Ebenen noch stärker:

„Seufzen wird sie. Und vor sich hinflüstern: „Mein guter Junge". Und ein wenig weinen. Nicht laut, obwohl sie allein im Zimmer ist. Aber so, dass ihr das alte, tapfere Herz weh tut.

Wenn ich daran denke, ist mir es, als müsste ich, hier in München auf der Stelle vom Stuhl aufspringen, die Treppen hinunterstürzen und ohne anzuhalten bis nach Dresden jagen." (Kästner, 1969, Z.26-32)

In einer Reihe von Ellipsen, die syntaktisch abhängig sind von der futurischen Konstruktion „Seufzen wird sie" (Kästner, 1969, Z.26) wird die Traurigkeit und der unterdrückte Schmerz der Mutter auch mit Hilfe von syntaktischen Mitteln ausgedrückt. Die Ellipsen ahmen abgehacktes Sprechen zwischen einer Reihe Seufzer nach. Doch es kommt noch eine zweite Komponente dazu: Dadurch dass der Autor nämlich das konjugierte Hilfsverb „werden" weglässt, legt er mehr Gewicht auf die Vollverben. Gleichzeitig vermeidet er Tempusformen. Auf diese Weise haben wir nochmals eine Art Vergegenwärtigung und Allgegenwärtigkeit des stillen Leidens der Mutter (vgl. Verwendung des relativ zeitneutralen Präsens). Die Vorstellung seiner traurigen Mutter veranlasst den Erzähler nun konkret auf die Gegenwart, das heißt auf die Schreibzeit Bezug zu nehmen. Diese Vorstellung nimmt so sehr Gestalt an und erhält dadurch einen so wirklichen Zug, als handle es sich um ein tatsächliches Geschehen. Deshalb löst sie in ihm den spontanen Drang aus „hier in München, auf der Stelle vom Stuhl auf[zu]springen, die Treppen hinunter[zu]stürzen und ohne anzuhalten bis nach Dresden [zu] jagen." (Kästner, 1969, Z.30-32). Die Reihe von Ellipsen, die seinen Weg nach Dresden beschreiben, unterstreicht sowohl die Semantik des Wortes „jagen", als sie auch Außer-Atem-Sein wiederspiegelt. Die Geschwindigkeit wird dazu noch gesteigert durch die syndetische Verknüpfung mit der Konjunktion *und*: „Durch die Straßen und Wälder und Dörfer. Über die Brücken und Berge und verschneiten Äcker und Wiesen." (Kästner, 1969, Z.33-34) Denn er hat das Gefühl, er muss so schnell wie möglich dort sein, wo „sie sitzt und sich nach [ihm] sehnt, wie [er sich] nach ihr."

(Kästner, 1969, Z.35-36) Bewusst stellt Kästner hier den Konjunktiv *stünde* (Z.35) neben den Indikativ in *sitzt* und *sehnt*. Der Irrealis steht für den Wunschcharakter des Zusammenseins, wobei der Indikativ und das Präsens die traurige Realität des unveränderlichen, beinahe allgemeingültigen Zustands des „Sehnens" und „Wartens" hervorheben, unterstrichen noch durch die Verwendung des statischen Verbs „sitzen".

Ein Geschehen der Geschichtenzeit, das daher in der Erzählung erst in der Zukunft so sein wird, wirkt also in die unmittelbare Gegenwart des Autors so stark hinein, dass es in ihm einen Handlungsdrang hervorruft.

Wenden wir uns nun also nur der Gegenwart des Erzählers zu. Einen wichtigen Punkt haben wir ja bereits im vorherigen Absatz geklärt, nämlich den, dass sie eine Vermittlungsebene zwischen Mutter und Sohn ist, indem die Schreibzeit und die Geschichtenzeit immer wieder miteinander vermischt werden. Die zweite Funktion der Gegenwart ist ebenfalls bereits geklärt worden. Sie ist Grundlage der Geschichte, weil der Erzähler die Geschichte in seinem „Jetzt" entstehen lässt. Gleichzeitig ist sie aus eben diesem Grund immer präsent.[24] Ganz eindeutig tritt sie an drei Stellen im Text heraus (Z.30-48/Z.98-99/Z.122-129), an denen sie eine dritte Funktion übernimmt: sie bietet ein Forum für einen direkten Kontakt zum Leser und für die Darlegung von allgemeingültigen Aussagen, die fast den Charakter einer Moral haben. Wir haben uns bereits einen Teil der ersten Stelle unter einem anderen Aspekt angesehen. Wenden wir uns deshalb dem zweiten Teil zu:

> „Aber ich werde die Treppen nicht hinunterstürzen. Ich werde nicht durch die Nacht nach Dresden rennen. Es gibt Dinge, die mächtiger sind als Wünsche. Da muß man sich fügen, ob man will oder nicht. Man lernt es mit der Zeit. Dafür sorgt das Leben. Sogar von euch wird das schon mancher wissen. Vieles erfährt der Mensch zu früh. Und vieles zu spät..." (Kästner, 1969, Z.37-42).

Das Handlungsgeschehen wird also angehalten, um den Leser in gewisser Weise zu belehren. „Es gibt Dinge, die mächtiger sind als Wünsche. Da muß man sich fügen, ob man will oder nicht." Der Erzähler hebt diese allgemeine Lebensweisheit in die

---

[24] Man könnte an dieser Stelle - und das vermutlich zu recht - argumentieren, dass dann doch eigentlich die Gegenwart des Erzählers als Geschichtenzeit anzusehen ist. Ich glaube aber, dass man die Geschichtenzeit dort ansiedeln muss, wo man den thematischen Kern der Erzählung findet. Der Autor will aber nicht erzählen, dass er selbst sehr oft an seine Mutter denkt, und dass er sich an vergangene Weihnachten erinnert (auch wenn er das de facto tut). Er sorgt sich nicht um sich selbst, sondern um seine Mutter und möchte erzählen, wie sie Weihnachten 1945 verbringen wird. Es bleibt das Problem, dass wir es hier mit einem Ich-Erzähler zu tun haben, so dass das Koordinatensystem, das an die Erzählung angelegt ist, natürlich dem des Erzählers und seiner Origo entspricht. Nichtsdestotrotz führt er den Leser in die Origo der „Hauptfigur" ein: seine Mutter, am 24. Dezember 1945. Wie wir im Verlaufe meiner Erläuterungen noch sehen werden, bin ich der Meinung, dass eben gerade diese „Verwirrung" bezweckt ist und es für die Erzählung unwichtig, wenn nicht sogar kontraproduktiv ist, die beiden Ebenen voneinander trennen zu wollen. (Aber: Errare humanum est. Und ich bin's auch.)

unmittelbare Gegenwart des Lesers hinein, indem er ihn direkt anspricht und manchem den gleichen Erfahrungsschatz zugesteht. Er veranlasst ihn auf diese Weise indirekt dazu, in seine eigene Vergangenheit zurückzublicken und ein Fazit zu ziehen. Er bindet den Leser direkt in seine Geschichte mit ein und lädt ihn zum Mitdenken ein. Daraufhin geht er nicht gleich in die Geschichte zurück, sondern bleibt weiter in einem allgemeingültigen Tonfall, in dem er über das typische Mutterverhalten reflektiert. Er betont hier die Beständigkeit und Unveränderlichkeit der Beziehung zwischen einer Mutter und ihrem Kind. Weder die Zeit noch die veränderten Umstände haben Einfluss darauf: „Aber der Mutter gegenüber bleibt man immer ein Kind." (Kästner, 1969, Z.45)

In Zeile 49 kehrt der Erzähler zurück (oder auch voraus) zu dem kommenden Heiligen Abend und damit in die Geschichtenzeit. Das temporale Adverb „später" schließt an die Zeilen 22-27 an. Das legt auch die Parallelität im Satzbau nahe, denn auch hier finden wir eine Reihe von Ellipsen, die syntaktisch von einem Satz in futurischer Konstruktion abhängig und durch syndetische Reihung verbunden sind: „Dann wird sie ihre Brille aufsetzen und meinen letzten Brief noch einmal lesen. Und ihn sinken lassen. Und ..." (Kästner, 1969, Z.50) Die monotone Wirkung spiegelt die Einsamkeit der Mutter wieder. Hier findet sich auch eine Parallele zum Anfang der Erzählung, die ebenso die Nähe zwischen Mutter und Sohn reflektiert. Diesmal ist es nicht der Ich-Erzähler, der sich zurückerinnert, sondern seine Mutter. Auch für sie steht der Aspekt des gemeinsamen Beisammenseins im Vordergrund: „Und an die fünfundvierzig Heiligabende denken, die wir gemeinsam verlebt haben. An Weihnachtsfeste besonders, die weit, weit zurückliegen. In längstvergangenen Zeiten, da ich noch ein kleiner Junge war." (Kästner, 1969, Z.52-55)

Gerade in den Episoden der Erinnerung an vergangene, „schönere Zeiten" tritt die Zeitdopplung besonders hervor. Sie ist an der Stelle aber auch bedeutungs-konstituierend, denn die Erinnerungen an die verschieden Heiligen Abende, die nun folgen sind gemeinsame Erinnerungen von Mutter und Sohn. Sie sind das eigentlich erzählende Element, da sie im Präteritum verfasst sind. Sie sind anekdotenhaft gestaltet und erzählen drei Episoden aus der Kindheit des Erzählers und eine aus der Zeit, in der er bereits ein junger Mann ist. Es handelt sich hier im Prinzip um in sich abgeschlossene Erzählungen. Sie sind eindeutig aus der Perspektive des Erzählers geschrieben, denn es handelt sich um eine Ich-Erzählung und die Gefühle des Sohnes werden besonders betont: „begann ich strahlend" (Kästner, 1969, Z.59); „stammelte ich entgeistert" (Kästner, 1969, Z.62). Jede der Episoden wird eingeleitet durch eine relativierende Partikel „etwa" (Kästner, 1969, Z.56), „vielleicht" (Kästner, 1969, Z.66), „oder" (Kästner, 1969, Z.78/100), die sie als exemplarisch herausstellt und als mögliche Alternativen ausweist. Nicht angezweifelt wird allerdings die Tatsache, dass seine Mutter sich an vergangene Weihnachten erinnert. Auf den ersten Blick erinnert sich demnach der Erzähler in dem Moment des Schreibens.

Lesen wir weiter, dann erkennen wir mit welcher Kunst Kästner diese Erinnerungen gleichzeitig als die der Mutter kennzeichnet. Das soll anhand der ersten Rückwendung exemplarisch herausgearbeitet werden. In dem Satz: „Wenn sie daran denkt, wird sie lächeln" (Kästner, 1969, Z.65) kommt zwar nicht klar heraus, ob es sich nun um eine allgemeine Feststellung im Sinne von „immer wenn sie daran denkt, dann ..." handelt, oder ob es sich auf die konkrete Situation in der Zukunft bezieht. Die Verwendung des Futur im Hauptsatz schließt die erste Variante eigentlich aus, es sei denn man liest es in seiner modalen Funktion. Im ersten Fall bleibt die Feststellung in der Gegenwart und bloße Vermutung des Erzählers. Im zweiten Fall handelt es sich wieder um die Geschichtenzeit in der Zukunft. Es ist nicht notwendig sich auf eine Lesart festzulegen, da die Bedeutung eben darin liegt, dass beides evoziert wird. Der nächste Satz bringt einen klaren Bezug zur zeitlichen Ebene der Geschichtenzeit. Wenn man nämlich noch einmal zurückblickt auf Zeile 49, in der wir uns unbestritten noch am 46. Heiligen Abend befinden, dann kann man eine Brücke zu Zeile 65 schlagen. Der „Schluck Malzkaffee" (Kästner, 1969, Z.65), den die Mutter dann zu sich nimmt, bevor sie sich „anderer Weihnachten" erinnert, bezieht sich rückwirkend direkt auf die Tasse Malzkaffee, die sie sich in Zeile 49 einschenkt. Die Erinnerungen greifen jeweils einzelne der fünfundvierzig Weihnachtsfeste heraus. Der Erzähler führt den Leser in die jeweilige Origo des Erzählers zu Weihnachten in unterschiedlichen Jahren ein und lässt ihn auf diese Weise einen kleinen Ausschnitt der glücklicheren Weihnachten miterleben. Ihr gemeinsames Merkmal ist vor allem die Interaktion zwischen Sohn und Mutter, das heißt die Gemeinsamkeit. Die einzelnen Episoden werden jedes Mal mit einem oder mehreren Sätzen eingeleitet, die daran erinnern sollen, dass es die Mutter sein wird, die sich an die Zeit erinnert: „Oder ihr fällt jener Weihnachtsabend ein, ..." (Kästner, 1969, Z.78), „Oder meine Mutter wird an einen anderen Heiligabend denken, der nicht so weit zurückliegt" (Kästner, 1969, Z.100). So sind die Rückwendungen als Rückblicke von zwei unterschiedlichen Figuren, nämlich dem Erzähler und seiner Mutter, und zu zwei unterschiedlichen Zeitpunkten, der Gegenwart oder Schreibzeit und der „Zukunft", in eine sehr komplexe Zeitstruktur eingebettet.

Es lässt sich erkennen, dass die insgesamt vier Erinnerungen immer ausführlicher beschrieben werden, gerade so, wie natürliches Erinnern vonstatten geht: man kommt von einem ins andere und die Gegenwart verliert immer mehr an Bedeutung (die erste Erinnerung ist neun Zeilen lang; die zweite zwölf Zeilen; die letzten beiden zweiundzwanzig). Die ersten drei Rückblicke können nicht zeitlich eingeordnet werden, sie können sowohl chronologisch angeordnet sein, als auch zufällig, wie Erinnerungen eben kommen und gehen. In jedem Fall sind die einzelnen Einheiten in sich chronologisch erzählt. Die letzte jedoch ist sowohl als „nicht ganz so weit zurückglieg[end]" (Kästner, 1969, Z.100) gekennzeichnet, als auch mit einer ungefähren Zeitangabe versehen und damit zeitlich lokalisierbar: „Es sind höchstens zwanzig Jahre her" (Kästner, 1969, Z.101), also als der Erzähler ungefähr fünfundzwanzig war. Der Inhalt der Erinnerungen ist nicht von großer Bedeutung. Sie erzählen von vergangenen Weihnachten, in denen Mutter und Sohn zusammen sein konnten und dienen so lediglich der Kontrastierung zum 46. Heiligabend. Sie werden im vorletzten Absatz sowohl aus der Perspektive der Mutter, als auch aus seiner eigenen als glücklichere Zeiten gewertet: „Meine Mutter in Dresden wird also an vergangene glücklichere Weihnachten denken. Und in München werde ich es auch tun." (Kästner, 1969, Z.122-123) Damit wird hier also noch einmal der Kontrast aufgenommen, der bereits zwischen dem Titel und dem Anfang der Erzählung aufgebaut wurde.

Gleichzeitig sind Erinnerungen allgemein in einer ganz bestimmten Funktion Thema der Erzählung. Erinnerungen sind für den Erzähler nicht nur Gedanken an eine bessere Zeit, sondern darüber hinaus ein Bindeglied zwischen den Menschen. Sie schlagen eine Brücke zwischen der Mutter und dem Sohn und können so scheinbar Zeit und Raum überwinden. Wie wir bereits oben festgestellt haben, finden wir einen durchgehenden Wechsel von Futur und Präsens, der zeigt, dass der Erzähler trotz der räumlichen Distanz mit seinem ganzen Herzen bei seiner Familie ist und auch an dem sechsundvierzigsten Heiligabend bei ihnen sein wird. Das Präsens holt das Geschehen in die unmittelbare Gegenwart herein und lässt den Weihnachtsabend tatsächlich vor dem inneren Auge des Erzählers entstehen. So wird eine fast telepathische Verbindung zwischen Mutter und Sohn möglich, die beinahe zu einer Verschmelzung der Origines der beiden Figuren führt. Das will der Erzähler dem Leser noch mit auf den Weg geben:

> „Erinnerungen an schönere Zeiten sind kostbar wie alte goldene Münzen. Erinnerungen sind der einzige Besitz, den uns niemand stehlen kann und der, wenn wir sonst alles verloren haben, nicht mitverbrannt ist. Merkt euch das! Vergeßt das nie!" (Kästner, 1969, Z.125-128)

Der Erzähler spricht den Leser direkt an, um ihm bewusst zu machen, welchen Wert Erinnerungen nicht nur für ihn selbst, sondern für die Allgemeinheit besitzen. Er will es seinem Publikum mit den Ausrufen „Merkt euch das! Vergesst das nie!" (Kästner, 1969, Z.128) richtiggehend einschärfen. Gleichzeitig scheint es im folgenden Absatz, als könnte seine Mutter eben das hören:

> „Während ich am Schreibtisch sitze, werden meiner Mutter vielleicht die Ohren klingen. Da wird sie lächeln und meine Fotografien anblicken, ihnen zunicken und flüstern: „Ich weiß schon, mein Junge, du denkst an mich." (Kästner, 1969, Z.128-132)

Während er nämlich am Schreibtisch sitzt wirkt es so, als ob ihr die Ohren von dem Ausruf des Erzählers ein paar Zeilen weiter oben klingen würden. Er verwendet in dem temporalen Nebensatz, der Gleichzeitigkeit ausdrückt, die Tempusform des Präsens. Das deutet auf die Gegenwart und die Schreibzeit hin, vor allem, wenn wir an den vorherigen Ausruf denken. Alternativ kann aber auch die   Zukunft gemeint sein: Während er an Heiligabend an seinem Schreibtisch sitzen wird ... . Das legt nämlich die Verwendung der Tempusform des Futur im Hauptsatz nahe, wobei es im Deutschen sogar üblich ist, in einem solchen Fall das Futur nur im Hauptsatz zu verwenden. Doch auch hier ist die Zeitreferenz nicht eindeutig. Es kann sich entweder um eine bloße Vermutung in der Gegenwart aus der Perspektive des Erzählers handeln. Das unterstreicht auch das Modalitätsadverb „vielleicht". Alternativ kann man es aber auch als Zukunft lesen und auf den kommenden Heiligabend beziehen. In beiden Fällen kann die Mutter ihren Sohn scheinbar hören, auf den Fotografien sehen und gleichzeitig offensichtlich seine Gedanken lesen, denn er denkt ja tatsächlich gerade an sie. Das gilt selbstverständlich auch anders herum. Damit unterstreicht der Autor den verbindenden Aspekt der gemeinsamen Erinnerungen, wie auch die unverändert starke emotionale Nähe zwischen Mutter und Sohn. Erinnerung werden als ein Ort beschrieben, an dem offensichtlich nicht nur räumliche Trennung (Dresden/München), sondern auch die Dimension der Zeit überwunden werden kann und genau darin liegt für den Erzähler ihre besondere Bedeutung.

Zusammenfassend lässt sich demnach sagen, dass wir es hier mit einer komplizierten und elaborierten Form der Zeitgestaltung zu tun haben. Erich Kästner setzt zeitliche Ebenen sehr unkonventionell ein. Auf diese Weise gelingt es ihm, anhand der Zeitstruktur die Aussageintention seiner Erzählung zu unterstreichen. Anders als in einer typischen Erzählung setzt er seine Geschichtenzeit nicht in die Vergangenheit und verwendet deshalb in der Basiserzählung auch nicht das Präteritum als dominante Tempusform. Stattdessen finden wir dort eine Mischung zwischen Futur und Präsens, während das Präteritum auf die kurzen Erinnerungen an vergangene Weihnachten in Form von Analepsen beschränkt bleibt. Die Geschichtenzeit lässt sich aber weder eindeutig auf die Zukunft, noch auf die Gegenwart eingrenzen. Kästner lässt die zeitlichen Ebenen ganz bewusst verschwimmen, so dass zwischen Gegenwart und Zukunft keine klaren Grenzen gezogen werden können, genauso wenig wie zwischen der Perspektive des Erzählers und der seiner Mutter. Hauptanliegen der Erzählung ist es, den Lesern Trost zu spenden und Kraft zu geben, um weiter zu machen, auch wenn sie von ihren Familien und Freunden getrennt sind. Den Trost sollen sie in den Erinnerungen finden, die sie mit ihren Lieben teilen, da Erinnerungen keinen Raum und keine Zeit kennen. Auf diese Weise kann der Autor bei seiner Mutter sein, indem er sie in sein Gedächtnis ruft und seine Mutter kann bei ihm sein, egal zu welcher Zeit und an welchem Ort.

Literaturverzeichnis

Primärtext

1. Kästner, Erich: *Sechsundvierzig Heiligabende*. In: *Erich Kästner. Gesammelte Schriften für Erwachsene*. Hg. von Hermann Kesten. Bd. 7. Zürich: Atrium Verlag, 1969, S. 20 –23

   Zitiert als: (Kästner, 1969, Z. ...)

Sekundärliteratur

1. Bauer, Mathias: *Romantheorie*. Stuttgart; Weimar: Metzler, 1997
2. Enderle, Luiselotte: *Erich Kästner*. In: *Erich Kästner mit Selbstzeugnissen und Bilddokumenten dargestellt von Luiselotte Enderle*. Hg. von Kusenberg, Kurt. Reinbeck bei Hamburg: Rowohlt Taschenbuch Verlag GmbH. 15. Aufl. 1995.
3. Genette, Gérard: *Die Erzählung*. München: Fink, 1994
4. Metzler-Lexikon Literatur- und Kulturtheorie: *Ansätze – Personen – Grundbegriffe*. Hg. Ansgar Nünning. Stuttgart; Weimar: Metzler, 1998
5. Stanzel, Franz K.: Theorie des Erzählens. Göttingen: Vandenhoeck und Ruprecht, 3., durchges. Aufl. 1985.
6. Vogt, Jochen: *Aspekte erzählender Prosa: Eine Einführung in Erzähltechnik und Romantheorie*. Opladen: Westdt. Verl. 8. Aufl. 1998
7. Wolf, Norbert Richard: *Zeit in der Narration*.

Sonstiges:

1. Ende Michael: *Momo – oder die seltsame Geschichte von Zeit-Dieben und von dem Kind, das den Menschen die gestohlene Zeit zurückbrachte*. Stuttgart; Wien: Thienemann 1973